AUX CAMPAGNARDS

LES OPINIONS D'UNE JAMBE DE BOIS

SUR LES ÉLECTIONS A VENIR

LES OPINIONS
D'UNE JAMBE DE BOIS

SUR LES

ÉLECTIONS A VENIR

PAR

ÉVARISTE JARDINOT

INDUSTRIEL LORRAIN

NANCY

IMPRIMERIE G. CRÉPIN-LEBLOND

1877

LES OPINIONS
D'UNE JAMBE DE BOIS

SUR LES

ÉLECTIONS A VENIR

PAR

ÉVARISTE JARDINOT

INDUSTRIEL LORRAIN

NANCY

IMPRIMERIE G. CRÉPIN-LEBLOND

—

1877

Opinions d'une Jambe de Bois

ÉLECTIONS A VENIR

Je suis un ancien militaire, non un débris de la Bérézina, car ce n'est pas de la gelée que j'ai souffert, mais un débutant de Crimée. Sorti de Saint-Cyr, j'ai vu le premier feu au Mamelon-Vert. Je n'ai pas été habile, car j'y ai laissé une jambe. La gloire est une belle chose, mais j'ai compris qu'avec la jambe qui me restait, j'aurais tort de l'aller chercher plus loin. Je rentrai bien vite dans une carrière utile, pour ne pas perdre le fruit des connaissances scientifiques que j'avais acquises, et me voici depuis lors devenu industriel dans une vallée de Lorraine. — Inutile de vous dire ce que je fabrique, vous pourriez me croire le dessein de vous placer de mes produits...

J'en veux venir à vous exposer que j'ai prospéré quelque peu, parce que je me suis donné de la peine, et avec l'aisance acquise, est venue peu à peu l'estime des concitoyens qui m'ont vu à l'œuvre. Aussi suis-je couvert d'honneurs!... presque autant que de rhumatismes: — je suis conseiller d'arrondissement, maire, marguillier, prud'homme, trésorier d'un comice, bref, il ne reste pas de moi un centimètre carré où accrocher une dignité de plus.

Et le croiriez-vous ? ma tâche la plus fatigante —
celle qui m'honore le plus, à la vérité — c'est d'être, à
la suite de ce que je viens d'énumérer, le conseiller
intime et général à la fois des bonnes gens de nos para-
ges. Besogne épineuse, délicate, mais surtout, je le
répète, écrasante. Je m'en déclare flatté, mais sur-
mené.

Tout cela — m'allez-vous dire — n'est pas très-
modeste de votre part, M. l'industriel à la jambe de
bois ! Je vous l'accorde au premier abord, mais vous
réformerez votre jugement quand vous me posséderez
mieux, et que vous aurez reconnu que mon plus vio-
lent désir est de jouir d'un profond repos, dans ma
tranquille vallée.

Beaucoup de nos amis les campagnards ont ce petit
travers, de ne pas se laisser donner spontanément un
bon conseil ; en revanche, quand le mal est arrivé ou
près d'arriver, ils viennent vous consulter individuelle-
lement, *à la queue leu-leu* — ce qui est bien plus fati-
guant que de donner audience à cinquante personnes
d'un seul coup. Au reste, il faut convenir que depuis
plusieurs années, les affaires sont si enmêlées, que les
plus malins sont embarrassés pour reconnaître le bon
chemin au milieu des carrefours inextricables que les
événements et la main des méchantes gens ont multi-
pliés dans le champ des questions politiques.

Consulté jusqu'ici par une foule de braves gens, je
leur ai toujours répondu selon la voix de la religion, de
la morale, et de ma propre conscience. J'ai eu la bonne
fortune de conseiller juste, la plupart du temps. Un
autre s'en serait rengorgé. Moi, je regarde ma jambe
(que je confonds bien souvent avec ma canne) et je
redeviens humble. Seulement, ce métier de philosophe
consultant à trois lieues à la ronde commençant à me
peser, j'ai recours à la publicité ; j'ai réuni en quelques
pages les idées que j'avais coutume de livrer à mes
clients dans mon cabinet de consultation. Puissent-ils

leur trouver sous cette nouvelle forme le même intérêt pratique qu'ils leur accordaient auparavant, et s'il en est ainsi, les propager eux-mêmes pour la plus grande gloire et la prospérité de notre cher pays.

Afin d'être intelligible, il faut présenter ce que l'on dit avec une certaine méthode : Dans ce but, et pour vous prouver ma sincérité, je ne vois rien de mieux que de consigner ici les questions qui m'étaient journellement posées par mes clients, questions que l'on pose ailleurs aussi, — je le sais, — à de bien plus capables que moi. Les voici :

1° Pourquoi, — monsieur Jardinot, — a-t-on renvoyé dans leurs foyers les députés de cette dernière Assemblée nommée en 1876, et qui semblait si excellente ? Quelle nécessité d'en élire une autre ?

2° Qui va-t-on nommer maintenant ? Où sont les bons candidats ? Et à quels signes les reconnaître ?

3° Quelle conduite tenir en temps d'élection ? Qui écouter ? Et comment voter sans se tromper ?

La réponse à ces questions est bien simple ; elle ne demande qu'un peu de bon sens et de sincérité. Procédons par ordre, et écoutez avec un peu d'attention.

Vous me répondrez après, si vous jugez ce qui vous aura été dit, inexact ou injuste.

I

*Pourquoi le maréchal de Mac-Mahon a-t-il dissous
la Chambre ? Quelle nécessité d'en élire une
autre ?*

Pour comprendre toute la valeur de cette question,
il faut se reporter à l'Assemblée élue en 1871, après la
guerre fatale. Composée en majorité de députés conservateurs, possédant l'estime et la confiance du pays,
elle se trouvait en face d'une situation sans-précédent :
territoire ravagé, départements occupés par l'ennemi,
Paris en proie à une horde de scélérats qui le détrui-
sirent en partie ; il fallait remédier à cela avec des
ressources très-limitées, puisque l'armée était prison-
nière en Allemagne, que le trésor était vide par suite
des besoins de la guerre (et quelle guerre !), et que
toute l'administration s'était décomposée entre les
mains d'ambitieux incapables qui s'étaient emparés de
la France au 4 septembre 1870.

Parlons un peu de cette administration, — en pas-
sant.

Le grand chef en était M⁰ Gambetta, connu jusqu'a-

*l*ors comme avocat et comme parleur copieux dans les cafés de Paris, notamment le café de Madrid, où tout le monde l'a vu longtemps. A côté et au-dessous de lui, s'agitaient mille fonctionnaires, préfets, délégués, envoyés sans but et sans nom, ses anciens amis, ses complaisants qui l'aidèrent dans sa mission de sauver la France, comme des farceurs qui se bourrent dans un garde-manger, *sauvent* la maison en cas d'incendie.

Leurs hauts faits sont bien connus. Il faudrait un gros livre pour les énumérer. Ce livre a été fait, et l'on trouvera dans l'*Enquête officielle sur les actes de la Défense nationale* les renseignements les plus édifiants.

Citons sommairement MM. les citoyens : *Spuller*, bras droit de M. Gambetta, étranger d'origine, et n'ayant pas satisfait à la loi de recrutement, qui devint préfet tout puissant, et envoyait par poignées les conscrits à la mort.

Esquiros, préfet de Marseille, qui laissa derrière lui, sous prétexte de défense nationale, les notes les plus extravagantes à payer en vins de Bordeaux, étoffes de femme, valets, chevaux, etc.

Gent, autre préfet de Marseille, dont les dépenses non autorisées s'élevèrent à plus de deux millions.

Le sieur *Duportal*, préfet de Toulouse, dépense trois millions pour équiper trois légions de mobilisés.

Le sieur *Gilbert*, à Bordeaux, dépense six millions, toujours dans le même sens.

Le citoyen *Naquet*, de la commission de la Défense, paye 75,000 fr. des batteries de canons qu'on lui offre à 35,000.

A Lille, le sieur *Bianchi*, se livre aux mêmes actes.

Le citoyen *Férouillat* dépense un million et demi en armes et en mitrailleuses qui ne peuvent servir.

M. *Ferrand*, reçoit de Me Gambetta un crédit de 31 millions pour acheter des bœufs à mille francs la pièce. En peu de temps, M. Ferrand, de misérable qu'il était, en vient à mener un train de prince. — Il est vrai qu'en 1874, il fut arrêté puis jugé avec ses complices.

Bref — car on ne peut citer que des miettes — en 1871 le ministre des finances déclara qu'il avait sous les yeux 575 millions de dépenses effectuées par la délégation de Tours et de Bordeaux, et qu'il ne pouvait trouver de justification que pour 175 millions, c'est-à-dire que 400 millions avaient disparu on ne sait comment.

A ces quelques noms de financiers, il faut joindre pour la partie politique des noms sans valeur, et, même sans caution, comme ceux du juif Crémieux, de Jules Favre, célèbre par l'armistice, Rochefort, le vaudevilliste, puis les Glais-Bizoin, les Picard, les Ferry, tous gens qui n'avaient d'autre mérite que celui d'avoir beaucoup parlé — pour eux — et à l'heure qu'il est n'ont pas fait le moindre sacrifice à leur pays; et encore moins celui d'une goutte de leur sang, car aucun de ces messieurs ne se mit en situation de recevoir une égratignure.

N'oublions pas non plus les Ranc, les Flourens, les Lissagaray, les Ordinaire, les Challemel-Lacour qui faisaient fusiller, ou voulaient faire fusiller les commandants de nos propres soldats.

Tels étaient ces héros.

Un peu plus tard, pendant la Commune, le désordre commencé vint à s'accroître, grâce à l'intervention de gens à jamais exécrables et dont les noms méritent les malédictions de la postérité. Qui ne connaît de réputation : Raoul Rigault, sorte de préfet de Paris, et massacreur impitoyable d'otages et de prêtres ; Flourens, le cordonnier Gaillard, Delescluse, ancien habitué des bagnes, Assy, ancien déserteur, Ferré, Pyat, Vermesch, et les Polonais qui sont invariablement généraux de naissance, comme Dombrouski, Charalembo, Robiki, etc.?

Si je me livre à cette énumération, c'est qu'une partie de ces brillantes personnalités se retrouvera bientôt dans nos assemblées parlementaires de 1871 et 1876 où elles feront le meilleur effet. L'autre partie est morte ou exilée, et chaque jour la France républicaine radicale réclame un pardon complet pour ces *pauvres égarés*.

Il fallait donc que l'Assemblée de 1870 s'occupât de réparer les dégâts occasionnés par la gestion des bons messieurs qui précèdent, et cela, non sans avoir à lutter contre les passions anarchiques qui grondaient dans l'ombre. Dans cette situation malaisée il fallait régler la forme du gouvernement, puisque la République n'avait point d'autre origine légale qu'une invasion de braillards escortée de pillards, le 4 septembre, au moment même où l'ennemi était sur notre sol, et l'armée devant l'ennemi !

Régler la forme du gouvernement ne convenait guère à M. Thiers, à qui le maréchal de Mac-Mahon succéda le 24 mai 1873. A ses yeux la constitution d'un gouvernement définitif autre que le sien, lui ôtait la qualité *d'homme nécessaire*. Habitué dans sa longue carrière à détruire les divers pouvoirs qu'il avait servis et même fondés, il s'employa de toutes ses forces à empêcher une édification élaborée en dehors de lui. C'est au fort de ces menées pénibles, de la part d'un homme d'État qu'on devait croire supérieur par l'expérience des affaires, qu'il s'éleva dans le pays un frémissement d'opinion qui tourna les esprits directement vers la monarchie. Des efforts furent tentés. Le désir de tous les cœurs allait être exaucé, et le succès paraissait certain, quand l'interprétation donnée à la lettre écrite par le comte de Chambord le 27 octobre 1873, fit naître un mouvement de recul immédiat qui nous replongea dans le provisoire dont on désirait tant sortir.

A qui faut-il imputer la responsabilité des intrigues qui étouffèrent ce mouvement généreux ? Ce n'est ni le temps, ni le lieu d'en parler. Le parti royaliste ferme les yeux sur le passé, et les tient fixés sur l'avenir, convaincu que tôt ou tard les âmes loyales de toutes les opinions s'ouvriront à la lumière éternelle des vrais principes et des hautes traditions...

Cependant, cet échec avait été fatal à la majorité conservatrice qui avait élu le maréchal le 24 mai. Cette majorité se désagrégea, et au lieu de s'unir entière sur les questions de conservation sociale, se livra, de groupe à groupe, une petite guerre d'ambitions, de ruses, de piéges, pendant que le parti radical guidé par MM. Gambetta, Spuller, Esquiros, Naquet et autres que vous connaissez déjà, grandissait à ses côtés et se fortifiait progressivement.

En politique, il faut commettre le moins de fautes possible, et les défaillances se paient cher ! L'Assemblée en fit bientôt l'expérience. En butte aux intrigues de M. Thiers d'une part, et aux attaques réitérées et brutales du parti avancé d'autre part, le Parlement finit par s'épuiser dans ces tiraillements. Quoique la majorité fût conservatrice, elle succomba néanmoins sous le poids de ces menées, de ces attaques, de ces intimidations, preuve sensible que la force n'est pas nécessairement dans le nombre. Elle avait d'ailleurs remédié aux plus grands maux causés par la guerre et le gouvernement du 4 Septembre. Le cœur contristé et noir de gros pressentiments, elle décréta sa dissolution, après avoir pourvu par une loi à la création d'un Sénat et d'une nouvelle Assemblée qui devait être élue en 1876.

Nous arrivons donc ainsi à cette Assemblée qui vient d'être dissoute par le maréchal. Il nous faut encore l'étudier pour nous rendre compte de ses tendances, et bien comprendre s'il était possible ou non de continuer de gouverner la France en présence de l'attitude prise par la majorité de cette Assemblée.

ASSEMBLÉE DE 1876.

Les élections sénatoriales eurent lieu en janvier 1876, sous le ministère impopulaire, — à tort ou à raison, — de M. Buffet. M. Buffet fut la première victime de cette impopularité de commande, et les élections à l'Assemblée législative qui se firent en février suivant, se ressentirent de cette émotion. Elles furent défavorables au gouvernement, c'est-à-dire à la cause conservatrice qui resta en minorité, ce qui démontre clairement l'injustice de ceux qui accusent le ministère Buffet de pressions sur le vote. C'est bien le contraire qui est l'évidence. Remarquons avec soin que les élections des députés radicaux se firent la plupart du temps au nom de l'amnistie, c'est-à-dire de la promesse de faire gracier les scélérats et les bandits de la Commune qui ont mis Paris et la France à feu et à sang. Cette observation est importante, car plus tard, nous verrons ces mêmes députés se prétendre les soutiens de l'ordre, de la famille, de la propriété, etc. Il faut avoir de quoi leur répondre.

Une fois rassemblé à Versailles, ce parlement se signala par les injustices les plus inouïes. Jamais on n'oubliera avec quelle passion peu dissimulée les membres de la gauche annulèrent les élections des membres de la droite dès qu'il s'offrait la moindre protestation sur leur validité. Et quand ils s'imaginaient que le candidat pouvait être réélu, ils traînaient les débats en longueur pour gagner au moins du temps. C'est ainsi que M. du Demaine à Avignon et M. de Mun en Bretagne, attendirent un an le bon plaisir de leurs adversai-

res. En revanche, des élections radicales, scandaleuses
d'illégalités et de pressions comme celle de M. Menier,
à Meaux, furent validées sans contestation, — toujours
par le même principe.

Le ministère avait changé, et un autre ministère à
l'image de la majorité républicaine, personnifiée par M.
Ricard, l'avait remplacé. M. Ricard personnifiait admi-
rablement le parti républicain. Inconnu avant le 4 septembre, il est nommé commissaire du gouvernement à
La Rochelle. Là, de son autorité privée, il suspend mi-
litairement et envahit le tribunal. — Du coup le voilà
célèbre, et digne de toutes les grandeurs. On le nom-
me député, puis ministre. C'est alors qu'il fait valoir
la loi qui fait nommer les maires par les assemblées
municipales, et qu'il propose la révision de la loi sur la
liberté de l'enseignement que la Chambre adopte, mais
que le Sénat rejette heureusement. — Puis M. Ricard
mourut. La Chambre s'empressa de voter à sa veuve
une pension de 6,000 francs. A quels titres, grands
dieux ! Il n'y avait pas de quoi.

A cette date, le parlement prit de grands et d'a-
gréables loisirs. Le budget vint cependant lui offrir l'occasion de témoigner de ses bonnes dispositions. Le
premier acte sérieux fut de nommer M. Gambetta président de la commission du budget, fait surprenant
mais significatif. Tout le monde sait en effet que
M. Gambetta est un beau parleur, mais un incapable
dans l'action. M. Lanfrey, l'historien républicain, a dit
de lui : qu'il avait exercé pendant la guerre la *dicta-
ture de l'incapacité* ». En un mot, c'est un général
sans courage et un financier sans arithmétique.

Là, M. Gambetta courut le danger, en se voyant
obligé de voter et d'accorder aux divers services du
budget les crédits nécessaires, d'encourir les colères
des radicaux ses amis, décidés à réclamer le boulever-
sement général des impôts actuels. Aussi s'occupa-
t-il de leur donner satisfaction au moins sur quelques

points, en rognant sur plusieurs chapitres, tels que le traitement des officiers supérieurs, l'augmentation de celui du bas clergé, les réparations aux édifices diocésains, et autres menus articles.

Notez qu'il avait fallu traîner indéfiniment la présentation de ce budget pendant neuf mois, afin que le Sénat n'eût plus qu'un faible délai de quelques jours pour le réviser. C'était à la fois une ruse et une provocation. Le Sénat fit bonne contenance et rétablit les crédits supprimés, à la grande fureur des radicaux qui lui en conservèrent rancune.

Cependant l'élément républicain ne se contentait plus d'avoir un gouvernement républicain, il lui fallait, — disaient ses organes autorisés — le règne *effectif* de la république, c'est-à-dire l'émancipation de l'ouvrier, le remaniement de la fortune publique, la suppression des cultes ou tout au moins des subventions qui leur sont affectées. Ces aspirations insensées déguisent inévitablement le projet de renverser de fond en comble les forces de la société actuelle et de s'en partager les débris. Ne pouvant y arriver par l'émeute, on le cherche par la fabrication de mauvaises lois. En même temps, dans beaucoup de communes et surtout de grandes villes, les municipalités affichaient des tendances iniques, des animosités injustes contre tout ce qui appartenait à l'ordre ecclésiastique. Quelques conseils municipaux supprimèrent les allocations appartenant aux Frères de la Doctrine chrétienne, chicanèrent aux fabriques d'église les avantages dont elles jouissaient. Ces sentiments allèrent même jusqu'à diriger contre certaines religieuses vouées à l'enseignement, les attaques les plus calomnieuses, les plus exécrables, les plus fausses. Le procès d'une sœur à Saint-Léger, indigna tous les honnêtes gens (1). Et le

(1) On se rappelle que cette sœur avait été accusée par les radicaux d'asseoir ses petits élèves sur le poêle ardent de l'école, en manière de punition, et d'avoir brûlé les jambes de l'une

gouvernement, le ministère de M. Jules Simon, se prêtait à ces manifestations plus que coupables, il les encourageait presque. Les tribunaux invoqués rétablissaient un peu la vérité dans ses droits, mais l'effet produit était déplorable.

De son côté, M. Gambetta avait pris vis-à-vis du maréchal de Mac-Mahon une attitude de rivalité vraiment intolérable. Cette attitude était d'autant plus significative, que M. Gambetta considéré comme le général en chef de tous les escadrons de la démocratie, représente non-seulement l'opposition républicaine, mais encore toutes les fractions les plus avancées de la démagogie hurlante et dévorante. Mais il se gardait bien de montrer les moindres prétentions pour lui-même ; loin de là, il a toujours poussé devant lui la personnalité de M. Thiers, comme on pousse un mannequin devant soi pour s'abriter des coups. Or, M. Thiers, sans considérer ce qu'une telle complicité, si nuisible à l'union publique et si périlleuse pour la paix, pouvait apporter d'obstacles à la marche des affaires, se prêtait à ce jeu coupable, et acceptait avec une joie secrète la mission de succéder au maréchal de Mac-Mahon comme président de la République, par la grâce de M. Gambetta.

Non-seulement cette lutte était dégradante pour la France, mais elle était un danger pour son repos.

Le parti démocratique ne s'en tenait pas là. Outre le manque de respect général pour l'autorité, il se répandait en une propagande effrenée. Mauvais livres, écrits démoralisants, diatribes contre les prêtres, mensonges historiques, tout était mis en œuvre. Certains journaux comme le *Rappel* étaient rédigés ouvertement par des condamnés de la Commune, des gens qui, pareils à Rochefort, avaient non-seulement été con-

d'elles. L'enquête portée devant la justice a anéanti cette allégation infâme.

damnés au bagne, mais s'en étaient échappés, grâce à des complaisances dont on n'a pas encore pu ou voulu découvrir la source. Ces journaux fulminaient chaque matin les plus abominables menaces contre la société, la bourgeoisie, la propriété, la famille ; rien n'était épargné.

En réalité, le ministère Jules Simon manquait de l'autorité nécessaire pour réprimer de pareils excès. M. Jules Simon, par ses doctrines et son passé, appartient à la démagogie. Membre de la société secrète dite l'Internationale, où il est inscrit sous le n° 606, il avait des attaches qui lui ôtaient toute action sur ses anciens amis. Il fut débordé.

Alors, le maréchal, effrayé des périls qui menaçaient la France, et des doctrines coupables hautement proclamées dans le Parlement même, se sentant sans appui sur un ministère compromis auprès de ses ennemis, usant de ses droits supérieurs, résolut d'arrêter cette fermentation voisine de l'éruption, et de faire à la sagesse et aux intérêts du pays un appel pressant en lui demandant des mandataires plus prudents.

C'est pourquoi le 16 mai 1877, il congédia le Parlement ; et c'est pourquoi, au mois d'octobre, les électeurs seront réunis pour nommer de nouveaux représentants.

Telle est la réponse à la question posée dans le précédent chapitre. Elle est longue, trop longue, n'est-ce pas ? mais il y a tant de choses à dire... enfin j'ai dit ce que j'ai cru capital, et j'ai parlé sincèrement.

Maintenant que l'on en est arrivé là, il se pose naturellement une seconde question que voici :

II

*Qui va-t-on nommer maintenant ? A quels signes
reconnaître les bons candidats ?*

Au premier abord la réponse paraît bien simple.

— Qui nommer députés ?

— Parbleu ! les gens de bien et de capacité.

— Mais où sont les gens de bien ? Qui sont-ils ?
Les uns recommandent Pierre, et disent qu'il est excel-
lent, tandis que les autres disent que Pierre est détes-
table et recommandent Paul.

Comment s'y reconnaître ? Qui a raison ? car nous
ne connaissons ni Pierre ni Paul.

— Il y a moyen de se tirer d'embarras. Prêtez-moi
encore quelques minutes d'attention. Vous serez bientôt débarrassés de moi.

Il existe deux manières de s'assurer de la valeur
d'un candidat.

La première est d'envisager sa personne, ses précédents, ses mérites, ses tendances.

La seconde — la plus sûre peut-être, — est de con-

sidérer *quels sont les gens qui le soutiennent et le re-*
commandent.

Le premier procédé, le plus direct, comme on voit,
est donc de bien étudier l'individu en lui-même Dans
le même arrondissement, il est facile, la plupart du
temps, pour les électeurs, d'avoir sur leur concitoyen les
renseignements les plus complets, passés, présents, et
même futurs. L'attitude de sa famille, les principes de
son foyer sont à prendre en considération. Ayant à
choisir entre deux candidats de mérites personnels
égaux, il faut choisir celui dont la filiation est la plus
pure. On a beau faire, il reste toujours au fond du
cœur de l'homme un nuage de rancune contre une société qui a flétri quelqu'un des siens ou quelqu'un de
ses ancêtres.

Ceci posé, il faut se rendre compte de ce que pense
cet homme, de ce qu'il aime, de ce qu'il désire, de ce
qu'il fait. Ce point est encore facile à élucider, dans un
même arrondissement. Rien n'est plus aisé que d'éplu-
cher la vie de cet homme, ses mœurs, ses goûts. On sait
s'il a fait de bonnes études ; si son esprit est cultivé ;
s'il a quelque instruction pratique ; s'il est artiste ou
industriel ; s'il a étudié les questions qui intéressent le
pays ; s'il a l'humeur accessible à tous : s'il est servia-
ble ; enfin deux points importants entre tous ; s'il a de
la religion et si ses mœurs sont à l'abri de tout repro-
che.

On ne saurait trop insister là-dessus ; c'est même
une chose qui semblerait n'avoir aucun besoin d'être
démontrée, que pour pouvoir exercer une fonction publique sérieuse il faille pratiquer chez soi les vertus
privées, et observer les lois morales qu'on est appelé
à défendre comme législateur ou fonctionnaire public.
Regardons autour de nous. Quels sont les gens que nous
investirions de notre confiance ? Ou plutôt quels sont
ceux à qui nous ne confierions pas le moindre de nos
intérêts ?

Quand nous remarquons un citoyen qui, malgré toute la sollicitude de ses parents, a été mauvais fils, paresseux, débauché;

Quand nous voyons un individu rebelle aux exhortations de ses maitres, exciter ses camarades à la révolte, décrier l'autorité du clergé, insulter les prêtres, se moquer des choses de la religion, mépriser les lois de l'Eglise, prendre une épouse sans faire bénir son union, enterrer les siens sans réclamer de prières;

Quand nous voyons un personnage s'abstenir de travailler, et détourner les autres gens du travail, consumer son temps au cabaret ou aux estaminets, enfreindre les ordonnances de police, mal gérer son bien et tomber en faillite ou en banqueroute, et chercher ensuite dans une fonction publique rétribuée un remède à sa situation embarrassée;

Quand nous voyons tout cela, n'est-il pas vrai, nous nous détournons et nous nous disons tout bas : « Certes, ce n'est pas à un semblable mandataire que je confierai la gestion de mon patrimoine, de mes intérêts et de mes principes, encore moins la défense de mes droits ! »

Cela est positif. Hé bien ! c'est cet examen qu'il faut faire dans la personne de tout candidat, et mieux encore, il faut savoir si, ayant reçu antérieurement une mission quelconque, il l'a remplie dignement, et s'il a été fidèle aux principes qu'il a affichés déjà, et fidèle à l'autorité qu'il a servie.

Tel est le premier point.

Mais si, tout bien considéré, cet homme, ce candidat vous paraissait remplir *à peu près* les conditions voulues, ou que vous soyez embarrassés de vous prononcer sur son compte, c'est alors qu'il vous reste ce moyen de contrôle avec lequel vous ne pouvez être induit en erreur — celui de bien étudier *quels sont les gens qui soutiennent et qui recommandent ce candidat.*

Ce moyen-là est miraculeux. Le proverbe l'a dit de

toute antiquité avec une concision écrasante : « DIS-MOI
QUI TU HANTES, JE TE DIRAI QUI TU ES. » « Qui se res-
semble s'assemble. » La chanson le dit aussi :

> Les gueux, les gueux,
> Sont des gens heureux.
> *Ils s'aiment entr'eux.*
> Vivent les gueux !

D'où il résulte que ce que l'on dira des candidats est
rigoureusement exact pour leurs soutiens. Aussi quand
vous entendrez les mauvais sujets de votre connaissance recommander hautement une candidature quelconque, — défiez-vous, le choix est mauvais, l'individu
est véreux.

De même, quand, autour de vous, dans vos villages,
vous verrez des gens de la ville à mine sournoise, de
ces gens sans métier, sans moralité, venir vous débiter
des histoires invraisemblables, et vous promettre qu'on
renversera bientôt les tyrans et qu'on rendra enfin le
peuple heureux : méfiez-vous, cela promet plus de
beurre que de pain.

Quand vous serez abordé par certains rôdeurs qui,
sous prétexte d'apporter des marchandises à vendre,
viennent décrier et calomnier les gens qui, jusque-là,
passaient à vos yeux pour honnêtes et recommandables, et vous vanter des noms inconnus ou connus en
mal, — méfiez-vous.

Quand vous avez dans vos environs un gaillard beau
parleur, qui n'a jamais rien fait de bon, qui néglige sa
profession pour boire ou pour jouer, et qui avec cela
se plaint que les affaires vont mal, afin de rejeter sa
détresse sur la société et faire oublier ses vices ; quand
un gaillard de ce genre vous débite des vilenies contre
le clergé, contre les gens riches, contre les pères de
famille rangés, méfiez-vous bien, méfiez-vous d'autant
plus qu'il parlera avec plus d'éloquence, car mon gail-

lard a un intérêt personnel à voir démolir tout ce qui est en opposition avec ses appétits.

Quand vous entendrez un homme que vous teniez jusque là pour respectable, fronder tout à coup l'autorité, mal parler des pouvoirs établis, de la justice, des lois, des magistrats, méfiez-vous encore ; cet homme est dans de mauvaises affaires ; allez au fond des choses, et vous verrez qu'il espère, par un mouvement révolutionnaire, récupérer une position qui lui échappe.

Quand, d'un autre côté, vous verrez venir à vous pour vous exciter, de ces gens riches, très-riches, qui semblent n'avoir rien à gagner à un changement d'état social, étudiez le fond de leur pensée. Ces gens sont rongés par la jalousie. Non contents de leur fortune, ils veulent des honneurs, de l'influence ; ils aspirent à des troubles politiques pour en diriger le mouvement et dominer leurs concitoyens.

Il est une classe de faiseurs fort peu recommandables et assez nombreux que vous avez pu entendre pendant la guerre, hurler les mots de *Patrie*, de *Combats à mort*, de *Délivrance*, et qui s'employaient énergiquement à envoyer nos jeunes compatriotes aux armées, à la mort, à la gelée, à la faim, et cela, bien entendu, sans y aller eux-mêmes, en prétextant les raisons les plus ingénieuses — M° Gambetta entr'autres — qui n'a jamais satisfait à aucune loi militaire.

— Méfiez-vous bien de ces hommes ; car en toute occasion, ils seront généreux du sang et du bien d'autrui, et feront économie de leur personne, au coin de leur feu et le ventre à table.

Mais si vous voyez venir à vous un individu, qui a eu des démêlés avec la justice et qui a subi des condamnations d'une certaine gravité, chercher à vous enrôler dans son parti, méfiez-vous tout naturellement ; l'honneur n'est plus de son côté.

Méfiez-vous du fils qui vit mal avec son père ou avec sa mère ; du fils qui a quitté la maison paternelle à la suite de querelles ; du fils qui a méprisé l'état de son père ; ses pareils ont horreur de l'obéissance et du respect.

Méfiez-vous des ivrognes et des piliers de cabaret ; vous savez fort bien que l'oisiveté et la boisson ne conseillent jamais rien d'utile.

Méfiez-vous des imbéciles, des flâneurs, des *gobe-mouches*. Les idées qu'ils cherchent à vous inculquer ne leur appartiennent pas. Ils vous répètent les propos que de plus malins les ont chargés de répandre, en se servant de leur intermédiaire comme le pâtre se sert de sa trompette.

Méfiez-vous même des employés qui négligent leur devoir pour faire ce qui s'appelle de la politique et de la propagande. Le pays les paie pour le servir, et non pour satisfaire à leurs envies ni à leur complaisance.

Méfiez-vous des gens qui mènent grand bruit sous prétexte de vous conseiller. Quand on crie à l'excès, c'est qu'il faut absolument couvrir la voix des autres, procédé déloyal et contraire à la liberté. Remarquez à ce propos, combien les gens de valeur sont sobres de paroles, de gestes, de déclamations ; remarquez, en outre, qu'ils n'excitent jamais les citoyens les uns contre les autres.

Méfiez-vous des braillards qui ont toujours à la bouche des injures contre le clergé et contre les prêtres, qui loin de leur avoir jamais fait aucun mal, ont assisté leur famille dans la peine, élevé leurs enfants et les assisteront un jour eux-mêmes dans le besoin, malgré l'injustice de leurs haines.

Méfiez-vous des gens qui changent fréquemment de domicile, par la raison qu'il ne peuvent s'arranger d'aucun ; soit qu'ils ne puissent gagner honnêtement leur vie, soit qu'ils s'éloignent pour se soustraire à leurs créanciers ; ces gens-là traitent le gouvernement comme leur domicile, c'est-à-dire qu'ils n'en veulent point de fixe.

Enfin, si vous rencontrez sur votre chemin un de ces hommes qui ont foulé aux pieds l'habit respectable qu'ils portaient, un de ces prêtres que l'Eglise a réprouvé pour ses vices, et qu'un de ces hommes veuille s'autoriser de son ancien caractère pour vous endoctriner, méfiez-vous, détournez-vous avec horreur, car celui-là, non-seulement les hommes, mais Dieu, l'univers entier l'ont abandonné, et quiconque le suit est souillé par lui.

Tous ces divers personnages ne vous semblent pas la *fleur* ni la *crême* des braves gens, n'est-il pas vrai ? Ce n'est pas eux que vous iriez consulter s'il s'agissait de gérer votre bien, de marier votre fille, de placer vos fonds, en un mot, s'il s'agissait de vos intérêts ! A plus forte raison ne semblent-ils pas compétents quand il s'agit de gérer les affaires de notre cher pays, de la France, dont le bonheur et la prospérité sont notre bien à tous.

Vous comprenez donc que non-seulement ils ne sont bons à rien par eux-mêmes, mais que ceux qu'ils recommandent ne sauraient valoir beaucoup mieux. Il faut se garer de l'emportement au moment décisif, et bien se pénétrer de l'importance qu'il y a à bien connaître *pour qui* et avec *qui* l'on vote.

C'est pourquoi, aux signes ci-dessus, j'ai la ferme conviction qu'on peut discerner à merveille les *bons* de ceux qui ne sont *pas bons*, les dignes des indignes, les *vertueux* des *mauvais*.

EN RÉSUMÉ

Quand vous serez appelé à voter pour un ou plusieurs candidats, si vous les connaissez personnellement, votez pour celui qui est le plus homme de bien.

Si vous ne les connaissez pas, ou peu, votez comme les hommes de bien de votre connaissance, votez comme les pères de famille religieux, laborieux, sobres, économes. Ne votez pas comme les brouillons, les garnements, les ivrognes, et, en cela, vous saurez bientôt quel est l'objet de leur choix.

Je n'ai plus que quelques mots à vous dire, concernant plus directement la conduite à tenir en temps d'élections.

III

Quelle conduite tenir en temps d'élections? Qui écouter, et comment voter sans se tromper?

Il ne suffit pas d'être animé de bonnes intentions, il faut encore y conformer nos actions sous peine de les rendre stériles et de ne pas voir s'accomplir le bien que nous désirons.

Tous, nous désirons avoir un bon gouvernement et de bons députés. Pour cela, il faut nommer ces députés ; il faut donc voter.

J'ai l'air de dire là une grosse naïveté : Hé bien non, ce n'est pas naïf, puisque en réalité, étant dans la nécessité de voter, une grande partie de nos électeurs ne votent pas.

C'est une chose incroyable !

De deux choses l'une, ou le droit de suffrage est un droit réel, sérieux, recherché, ou c'est un vain privilége.

S'il est sérieux, il faut l'exercer.

S'il est frivole, il faut le supprimer, c'est un rouage

inutile, gênant même, coûteux, car il entraîne bien des manipulations et bien des frais.

Ici, je vous ferai part d'une idée que les candidats conservateurs devraient publier en même temps que leur profession de foi. Dans un même département, tous ces candidats devraient avertir leurs électeurs qu'en cas de succès, ils ne feraient rigoureusement valoir les intérêts particuliers que de ceux-là seulement qui auraient pris part au vote. Les abstentionnistes, faisant preuve d'indifférence, seraient censés n'avoir besoin de rien.

En tout cas, le non-usage obstiné que les électeurs font du droit de suffrage, légitimerait un jour sa suppression. Il est donc important pour le peuple de montrer qu'il y attache une valeur en votant en masse quand il y est convié.

Mais l'action de voter se décompose en plusieur opérations qu'il importe de mener à bonne fin. Ainsi :

1° Il faut savoir pour qui l'on vote ;

2° Il faut faire son bulletin, l'écrire, le faire écrire ou le recevoir tout fait ;

3° Il faut se rendre au scrutin ;

4° Il faut déposer son bulletin dans l'urne.

Tout cela paraît élémentaire comme la charge en douze temps. Mais il surgit entre ces temps mille incidents divers.

D'abord l'électeur est souvent dans une complète indécision sur son choix. Nous lui avons indiqué dans les chapitres précédents les moyens de s'éclairer.

Faire son bulletin, l'écrire soi-même, est ce qu'il y a de plus sûr et de préférable. Toutefois, les uns par indifférence ou par impossibilité d'écrire, s'en remettent à un complaisant pour faire écrire par eux le nom d'un candidat sur leur carte. Ce moyen présente un danger. On n'est jamais, ou que bien rarement sûr de son prochain comme de soi-même. Si vous ne savez pas lire, qui vous répond que votre compère écrira le nom que vous lui dicterez, et qu'il n'y substituera point celui de son choix ?

Hélas ! combien avons-nous constaté de ces manœuvres frauduleuses ! On va consulter un faiseur, un orateur qui paraît si complaisant, si dévoué, un homme à moitié savant, à qui on suppose sur les questions politiques les vues les plus profondes, et le dialogue s'établit ainsi :

— Salut ! Monsieur Crépin. On va voter aujourd'hui. Vous qui avez de l'instruction, qu'est-ce que vous dites de ces deux candidats ? — Moi, je ne les connais pas ; mais vous qui avez été au collége ou à l'école normale, vous savez ces choses-là. Comment est-ce qu'il faut faire ?

— C'est bien ! père Mathieu, répond le complaisant, je suis à vos ordres, on vous fera ça. Ne prenez pas la peine d'écrire, ça vous fatiguerait. Avez-vous un choix ?

— Pas trop. M. Crépin, faites-cela comme pour vous.

— Oh ! moi, vous savez, je n'ai pas de préférence.

— Qui est-ce que le gouvernement recommande?

— Le gouvernement recommande M. *Bertrand*, il repousse M. *Robillard*.

— Ma fi ! inscrivez le nom de M. Bertrand sur mon bulletin.

— Volontiers !

— Aussitôt M. Crépin prend un bulletin sur lequel il écrit bravement le nom de *Robillard*, le remet au père Mathieu, qui le dépose dans l'urne, et s'en va tout fier d'avoir voté pour quelqu'un de son choix, et pour le gouvernement.

D'autres fois, on est inondé de bulletins imprimés répandus à profusion dans les villages ; on en met un au hasard dans sa poche, et on vote sans savoir pour qui.

Il arrive mieux encore. On part de chez soi avec un

bulletin rédigé soigneusement au nom de *Bertrand.*
En route, on le montre à un camarade, à des flâneurs,
qui après l'avoir examiné, l'escamotent et lui en subs-
tituent un autre. L'électeur sans vérifier le fait se rend
au scrutin, et dépose dans l'urne, quoi ?... Le nom de
Robillard,

Ce tour a été joué pendant les élections sénatoriales
à bon nombre de braves délégués, qui attendaient dans
des cafés, au chef-lieu, le moment d'aller déposer leur
bulletin. Ayant eu l'imprudence de montrer ces bulletins, on le leur a scrupuleusement rendu.... avec un
autre nom à la place.

Il se passe encore autre chose. Un électeur sort de chez
lui résolu. En route il voit un rassemblement devant
une maison ; un orateur parle. Il déblatère précisément
contre un candidat ; on s'échauffe, on se monte, et
grâce à cette surexcitation s'évanouissent toutes les
bonnes résolutions qu'on avait jurées chez soi après une
réflexion honnête.

Il y a encore bien d'autres piéges auxquels succom-
be la bonne foi de l'électeur ; on ne saurait les énumérer tous, mais on peut conclure hardiment que tel n'est
pas le vote libre, franc, honnête. Ce n'est pas mani-
fester son opinion, et l'on est fondé à proclamer que le
pays n'est pas représenté dans de semblables conditions.

Je le répète, il faut que chacun non-seulement
éprouve une conviction sérieuse, et se détermine pour
un candidat sérieux. S'il n'a pu avoir cette conviction, s'il n'a pu s'éclairer par lui-même, il doit se mo-
deler sur les gens de bien.

Il faut, il faut voter, il faut se montrer citoyen cou-
rageux et désireux du bien de sa patrie, il faut éviter
les embûches des gens intéressés à tout brouiller. Ren-
dez-vous donc au scrutin par le plus court chemin.
Evitez ceux qui cherchent à vous attirer, détournez-
vous de ceux qui crient ; éloignez-vous de ceux qui

boivent ; ne dépliez votre bulletin devant personne,
jetez-le dans la boîte au plus tôt. En un mot, après avoir
été honnête et consciencieux dans le choix du candidat
à élire, soyez rapide et ferme dans le vote en lui-même. Cela fait — ne vous y méprenez pas, — vous avez
accompli un acte d'homme, un acte important ; vous
avez votre part de mérite dans le bien que vos mandataires feront à notre pays.

CONCLUSION

Je vous ai dit pourquoi on faisait des élections, et quelles causes les avaient motivées.

Je vous ai donné certains signes positifs auxquels vous reconnaîtrez les bons candidats, et à coup sûr les signes qui font reconnaître les mauvais.

Je vous ai recommandé d'exercer sérieusement, énergiquement, votre volonté en votant sans vous laisser surprendre.

Que puis-je ajouter à cela ?

Je ne puis que vous dire mon opinion propre si elle peut vous influencer ; c'est que, ancien militaire, j'ai confiance dans le noble soldat que ses mérites ont placé à la tête de nos affaires, le maréchal de Mac-Mahon.

J'ai confiance qu'en me laissant guider dans mon choix par la désignation qu'il me fera d'honnêtes gens présentés à son approbation, j'aurai contribué à élire des mandataires dévoués, dont la prudence détournera de nos foyers ces orages, ces périls, ces menaces anarchiques que les mauvaises passions amoncellent sans relâche, depuis quelques années, autour de la société française.

Et si l'on vient enfin, pour vous influencer, vous faire observer que le commerce ne va pas, que tout chôme, et que la France gémit dans un état de crise ruineux — n'en croyez pas un mot. Je suis dans les affaires aussi, moi, et je sais à quoi m'en tenir. La crise existait avant le 16 mai. Elle tient à un état général de l'Europe ; et les brouillons de notre pays cherchent par tous les moyens à l'aggraver encore.

Telle est la vérité, le reste est une *blague* intéressée qu'il ne faut pas avaler.

Excusez, mes chers lecteurs — mes chers amis — mes longueurs comme mes fautes. — J'ai parlé de mon mieux, je retourne à mon usine, et vive la France !

Evariste Jardinot.

Au Val fermé, ce 15 Août 1877.

P. S. — On me dit à l'instant que les partisans de la République radicale et leurs émissaires vont répandant partout le conseil aux campagnards d'éviter avec soin de porter leurs votes sur des candidats conservateurs ou monarchiques, en leur rappelant que les conservateurs les avaient engagés à voter OUI en 1870 pour le Plébiscite, que ce vote avait amené la guerre, et que naturellement le triomphe des conservateurs ramènerait de nouveaux désastres à la suite d'une nouvelle guerre.

Il me semble puéril de réfuter une allégation aussi grossière. D'abord l'Empire, régime d'aventures, n'avait rien de commun avec la Monarchie avec laquelle il est en ce jour même en hostilités ouvertes.

Et quant aux désastres de la guerre, qui ne sait, qui ne voit clairement que si, à la vérité, on la doit à la maladresse coupable de l'Empire, c'est le gouvernement néfaste et incapable du 4 Septembre qui l'a prolongée, dirigée, et qui, par sa faiblesse, son ignorance et par les manœuvres suspectes de plusieurs de ses membres, a amené non-seulement les désastres dûs à la présence de l'ennemi, mais encore les ravages, les incendies, les massacres à l'intérieur, dûs à la rage des malfaiteurs qu'ils n'ont su ni prévenir ni contenir.

Une telle perfidie ne saurait influencer les consciences des honnêtes gens qui voient, qui souffrent, qui espèrent dans la fortune de notre pays et dans l'aide de la Providence.   E. J.

FIN

NANCY. --- IMP. G. CREPIN LEBLOND, GRAND'RUE (VILLE-VIEILLE), 14.